書名頁請套封面

前言

前日台灣發生了芮氏規模六點四的大地震，我還在打算必須要調查台灣的靈界狀況，隨即於翌日的二月七日訪問了台灣新總統的守護靈。而就正好在收錄靈言之前，傳出了北韓發射長程導彈的消息，在這般緊繃的氣氛下進行了蔡英文新總統的靈性解讀。

繼一月七日收錄靈言之後便緊急發行的《北韓金正恩為何進行「氫彈試爆」─？》，本回的訪談內容，能成為分析今後國際政治走向的第一手貴重資料。

蔡英文女士主張強化日台之間的同盟關係，以及「承認台灣為一個『國家』」。反觀日本政府，在經歷北韓的飛彈恣意越過沖繩上空，宛如嘲弄「新型愛國者飛彈（PAC3）」的無以作為的狀況之後，日本政府會如何因應蔡女士的主張？面對亞洲情勢多變無常，日本勢必需要穩固的未來戰略。

二〇一六年二月八日

幸福科學集團創立者兼總裁

幸福實現黨總裁

大川隆法

靈言現象

「靈言現象」是指另一個世界的靈性存在，降下言語的現象。這是發生在高度開悟者身上的特有現象，有別於「靈媒現象」（即當事人陷入恍惚狀態、失去了本人的意識，而由附體的靈魂單方面說話的現象）。當降下外國人靈魂的靈言時，發起靈言現象之人亦能從語言中樞選擇需要的語言，因而可用日語來講述。

此外，人的靈魂原則上是由六人團體所組成，留在天上界的「靈魂兄弟姐妹」當中的一位，擔任守護靈的任務。也就是說，守護靈其實是自身靈魂的一部份。因此，所謂「守護靈的靈言」，即是進入當事人的潛在意識，其話語可視為此人在潛在意識中所思索的內容（真心話）。

然而，「靈言」終究只是該靈人本身的意見，其內容有時會與幸福科學集團的見解相矛盾，特此注記。

我可以做得更好：蔡英文未來戰略

二〇一六年二月七日

於東京幸福科學教祖殿大悟館收錄

蔡英文（一九五六年～）

中華民國（台灣）的政治家。畢業於國立台灣大學法律系，後於美國康乃爾大學修得碩士，並於英國的倫敦政治經濟學院取得博士學位。專攻國際貿易法。曾任台灣政治大學法律系副教授、東吳大學教授、台灣政治大學國際貿易系教授，於二〇〇〇年就任行政院大陸委員會主任委員，後代表民進黨參選立法委員並順利當選。經歷行政院副院長、民進黨黨主席等職，於二〇一六年一月登記參選總統並首次當選。將於五月正式上任成為台灣第十四任總統，也是台灣史上第一位女性總統。

提問者

大川裕太（幸福科學常務理事 兼 宗務本部總裁室長代理 兼 總合本部顧問 兼 政務本部活動推動參謀 兼 國際本部活動推動參謀）

里村英一（幸福科學專務理事〔負責公關及行銷企劃〕兼 幸福科學大學講師）

綾織次郎（幸福科學常務理事 兼《The Liberty》主編 兼 幸福科學大學講師）

〔職務是收錄之時的職位〕

Chapter1

第一節

召喚台灣新總統蔡英文女士的守護靈

1

Chapter 1

就在收錄靈言之前，北韓無預警發射導彈

大川隆法：各位早安。今天（二〇一六年二月七日）將召喚台灣剛被選出來的下任總統蔡英文女士的守護靈，以瞭解她的性格、思考模式等。我沒有讀過很多關於討論此人的書籍，所以基本知識闕如。

今天力求獲得來自當事人自身潛在意識的第一手資訊，希望能

做為分析今後亞洲的各方情勢變化的參考。

基於此等意旨，本預計針對台灣各方面情況進行訪談，然而就在剛才因為某事，世間現在有些騷動（笑）。

就在今天，二月七日上午九點三十一分（日本時間），北韓發射了實質等同遠距彈道飛彈的軍事武器，且成功通過預期路徑。經過幾次的燃料殼脫離，於九點四十一分時通過沖繩上空，主體墜落於日本南方約兩千公里處的海洋裡，飛行路線一如預測。

北韓起初宣稱「將於二月八日至二月二十五日之間發射」。昨天急遽改言「二月七日至二月十四日之間」，且刻不容緩似地在聲明期間的第一天午前實行。今天是週日，我想北韓明白日本公家機關休假而發射。原本預想如果不是在今天發射，北韓就會在二月十一日的日本建國紀念日發射飛彈，看來他們選擇早一點實行。

日本方面雖已對ＰＡＣ３（地對空主動雷達導引飛彈）下達攔截並破壞的命令，但最終是「無任何作為」，媒體報導不說「沒能破壞」，而是用「未加以破壞」的說詞（笑）。在獲知飛彈發射的情報，政府內部還在商議如何對應的過程中，飛彈便已飛過沖繩上空。

這枚飛彈的路徑類似二〇一二年十二月那回的路徑。縱然不知飛彈前端是否搭載了人工衛星，一般相信這次是長程導彈的試射。

先前，北韓亦於一月六日以「氫彈試爆」為由，進行了第四次的核武實驗。估計這次的飛彈試射，是要讓外界認識到「北韓已具備發射彈道飛彈的能力」。至少可得知亞太地區皆屬於射程範圍內，並且北韓已讓世人知道「自己有能力能擊中關島與夏威夷」。

此外，讓外界知道「飛彈是有一定的準確度」、「我能事前告訴你我要打哪裡」，也是此次北韓試射的目的。這麼一來，不論是日本或是菲律賓、越南、台灣等地，均處於同等威脅之下。

對此，倘使事態變得更為嚴重，我會再發表談話。現況是安倍首相除了透過聯合國決議案加以抗議之外，其他什麼都無法做。北韓則打算能和美國對等地交涉，試圖穩固自己國家的體制。

台灣地震及櫻島火山噴發，災害不尋常地連續發生

大川隆法：從另一個角度來檢視；前天，二月五日晚間近七點時，櫻島（日本九州鹿兒島縣）活火山噴發，著實令人驚愕。當時我還在想「是有什麼狀況要發生了嗎？」就在昨天，二月六日的凌晨，台灣南部發生芮氏規模六點四的大地震。截至目前為止，據知已確認十幾人死亡及數百名輕重傷，大廈等建築物崩塌傾倒。這地震到底意味著什麼？日本的櫻島火山噴發、台灣的地震、北韓發射飛彈等等，非同小可的事件接連發生於日本、台灣、北韓，給人不尋常的感覺。

就在剛剛，日本的茨城縣、北關東地區也發生了震度四的地震，之前在神奈川縣附近也發生了震度四左右的地震。這些種種，

讓人感覺到有些不對勁。

現在先暫且不論這些事，蔡英文女士正式成為台灣總統的時間是在五月（就職儀式定於五月二十日），目前仍屬馬英九總統在任期間，無法肯定這些狀況與馬總統有無關聯。

唯一確定的是，媒體報導上個月底馬總統前往南海上的太平島進行視察，而中國在那海域附近的環礁建造了長達三公里的飛機跑道。

我想不論從哪個角度來看，亞洲情勢確實十分緊張。安倍首相對於北韓的導彈，在記者會中也表現出憤怒的樣子。我想那也是無法再繼續隱忍的表現吧！

台灣民意從「偏中」馬氏轉向「獨立派」蔡氏

大川隆法：台灣的馬總統態度偏中，輿論認為或許台灣會因此被中國併吞。四年前的二〇一二年，蔡英文和馬英九競選總統，最後馬勝出。當時他曾表示「自己當選了，藉此可迴避與中國間的戰爭風險。若是蔡英文當選了，恐將與中國發生戰爭。」

四年之後，人們終究感覺到「馬總統過於『偏中』，實在危險」，因而讓被視為「獨立派」的民進黨蔡英文當選下屆總統。

至今為止，蔡女士並未清楚說過「台灣必須獨立」，採取的是較為中立的說詞。我想今天可以聽到其真心話。

台灣的動向關係日本國土安全，至關重要

大川隆法：無論如何，蔡女士已經當選，日後的潮流勢將有所改變。

今後的中台關係是否會變壞？台灣與日本的關係又將有何變化？對於韓國與北韓又抱持何種想法？乃至與美國的關係，台灣的動向將會影響國際政治與外交，在思索日本國土安全的問題時，台灣動向亦極為重要。

我們於二〇〇九年成立了幸福實現黨，當時對於北韓的導彈，ＮＨＫ竟拼命報導為「不明飛行物」，猶記我們當時非常義憤填膺地予以怒斥。而今早的報導依舊寫著「飛行物」，不過ＮＨＫ則是採用「實際上是長程導彈」的說詞，這和過去的說法已經有所不同。

面對這般亞洲情勢，新任總統蔡英文有何種想法？或者會想要如何帶動影響？

對此，我想今天在座的論客們，會從各種角度予以請教。

蔡女士出生於台灣，亦曾經留學美國與倫敦，所以我想她會講英文。但今天早上我和她守護靈講話的感覺，我想她可以用日語進行對話。

順帶一提，每每召喚日本鄰近國家人們的靈魂時，對方大多都能使用日語。我想要不是在過去曾經學習過，或許就是「靈魂的兄弟姊妹」當中，有著和日本有所關聯的人。

召喚台灣下任總統蔡英文女士的守護靈

大川隆法：那麼我們就開始吧！

台灣下任總統，蔡英文女士的守護靈啊！

請降臨幸福科學教祖殿，告訴我們您成為新總統的抱負，以及對於國際情勢的想法。關於國家戰略又抱持何種念頭？但願您能對我們毫無顧忌地講述意見。

蔡英文女士的守護靈啊！

●靈魂的兄弟姐妹：人的靈魂原則上是以「一位本體、五位分身」的六人團體所組成，此稱為「靈魂的兄弟姐妹」。這六人經過一定的時間，輪流轉生至不同時代的世間當中，留在天上界的靈魂兄弟姐妹當中的一位，擔任守護轉生至世間之人的守護靈的任務。

蔡英文女士的守護靈啊！
請降臨幸福科學教祖殿，闡明您的真心。
謝謝您。

（沉默約五秒鐘）

Chapter2

第二節

勝出總統大選的感想

Chapter2

「正對北韓發射飛彈一事而內心騷動」

蔡英文守護靈：（約十秒期間，先左右微幅晃頭，接著上下搖晃）

里村：早安，請教您是下任總統蔡英文女士的守護靈嗎？

蔡英文守護靈：嗯，是啊！

里村：感謝今天在一大早就賜予機會能首次向您請益。

蔡英文守護靈：

台灣現在也為了北韓發射導彈稍微引發了騷動。

現在還是馬總統當政，雖然和我沒有直接關係，但我內心還是有些騷動。

里村：是，如同您說您內心也有些許騷動，今天容我們一併請教您的內心話。

蔡英文守護靈：好。

「中國的危險性」藉由幸福科學的呼籲而為世人普遍認識

里村：首先，昨天台灣發生了地震……。

蔡英文守護靈：哎呀～。那真的是很糟糕。

里村：是，首先我想為此表達慰問之意。

蔡英文守護靈：嗯，謝謝，不過「金錢」的慰問會更好。

里村：

是（笑）。我想日本會盡全力幫忙，而我們幸福科學集團也會從各方面予以協助。

蔡英文守護靈：嗯～。

里村：日本三一一大地震的時候，我們得到了來自台灣各位的捐款以及各種援助。

蔡英文守護靈：嗯，嗯。我希望不是因為我的當選引發地震，而是因為馬先生還在「努力」而引發的。

里村：

對此其實我們想要請教和彼此相關的話題。關於地震的話題容稍後再說。首先我想要請教有關於政治現狀的問題。

不好意思，剛剛一直都是表達對震災的慰問，首先恭喜您日前贏得台灣總統大選，以及民進黨於立法院取得過半數席次。

蔡英文守護靈：嗯嗯，謝謝！

里村：想請教守護靈您現在的心境如何？

蔡英文守護靈：

嗯。這個嘛……。其實你們幸福科學和幸福實現黨，從二〇〇九年以後，拼命地進行政治運動，向人們述說中國、北韓帶來的威脅，讓人們普遍知道中國的危險性。我想原先有不少人對習近平有所期待。

里村：是。

蔡英文守護靈：

或許馬總統也對習近平有所期待，正當馬總統強烈地期待習近平的作為能讓台灣變得強大的當頭，幸福科學拼命地提醒人們習近平是個危險人物，你們在台灣也發出了這般的呼籲，對吧？（參照《從李登輝守護靈的靈言看東亞情勢》第二章「想要成為世界黃帝之人——習近平的本意」（中文版九韵文化出版）、《中國與習近平是否有著未來？》（幸福實現黨出版））如此說法也得到很多人的支持，所以此次我的當選亦算是你們間接的勝利。

台灣立於「操縱船舵不可出錯」之境

里村：

打從一開頭，您就講述了很有意思的內容。所以就守護靈您的想法，此次的勝因來自於「民意開始對中國有特定的警戒」以及「民意的變化」嗎？

蔡英文守護靈：嗯，幾乎是如此。

里村：明白了。

蔡英文守護靈：

人們開始思考中國是「善良的鄰人」還是「危險的鄰人」？甚至是大野狼？人們思考的結論反映到選舉結果上。

馬總統至今認為能夠和中國建立友好關係，「即便被中國吸收也沒有關係，台灣不會被改變，只要能品嘗和中國一樣的發展就好」。然而我們認為「台灣有本身固有的領土、文化，可不希望變成那樣」。

不過說到「對中國保持警戒」的潮流湧現，香港近年來的情勢發展，也對台灣造成不小影響。前年香港的「雨傘革命」之後，台灣看到中國無法保證五十年的體制，中國盡是按照自己的做法，採取強壓的獨裁方式，還說「會保證台灣的自由」，台灣人根本不會相信那說法。

里村：是。

蔡英文守護靈：

顯而易見，香港再過十年就會徹底處於北京的管轄之下。台灣國民可不是傻瓜，這點道理看得十分清楚，所以現在正是「操縱船舵不可出錯」的時候。

雖然馬總統陣營依舊向國民述說「若是民進黨執政，和中國戰爭的危機將逐漸迫近」，我想往後他們還是會這麼認為。

「『台灣過去本無受中國本土漢民族支配的歷史』」

里村：

如同證明守護靈您方才所說的內容，此次以台灣的年輕人為中心出現了新的動向，特別是他們認為應與中國「保持一定的距離」，這是一個很大的變化。

此外還有另一樁象徵性的事情；建國以來，過去支持國民黨的地盤，此次皆由民進黨大獲全勝。

換言之，此次的台灣總統大選，或是相當於日本眾議院選舉的立法委員選舉，並非單純是鐘擺往左右擺動之結果，而是對於中國那種強壓式的「一個中國」的態度，台灣人明確地表達出「台灣就是台灣」的聲音，進而產生了如此深達根部的變化。

也就是說，「台灣進入了新的時代」。或許說得有些過頭，不知您的看法如何？

蔡英文守護靈：

嗯，不知日本的各位是否知道，基本上國民黨是因為內戰，從中國本土逃到台灣的「外省人」。所以原本是漢民族系統的一群人，他們於心境上是和中國本土連結在一起的。

里村：是。

蔡英文守護靈：不過李登輝先生在日本還小有人氣呢！

里村：是。

蔡英文守護靈：

或許李登輝先生的想法不為台灣人理解，但外省人和原本住在台灣的人們（本省人）其想法原本就有些差異，台灣過去本無受中國本土漢民族支配的歷史。

鄰近的沖繩不屬中國，同理「台灣也不屬中國」。

歐美觀念難以置信之「中國的不良文化」

里村：

還有另一件具象徵性的事情，前次總統大選，很遺憾地蔡女士落選，中國對馬總統當選一事，送上非常祝福的話語。反之，面對此次總統選舉結果，中國則表示「無論誰當總統，都不會改變一個中國的原則」，可以說是極具警告意味的遣詞。

對此您的看法是？

蔡英文守護靈：

嗯，中國有一個壞習慣，就是他們會單方面地主張「自己的領土」。

里村：的確。

蔡英文守護靈：一會兒說台灣是中國固有領土，又說沖繩、釣魚台也是中國領土，搞不好哪天也說日本是中國的固有領土。

里村：是。

蔡英文守護靈：像他們這樣，該怎麼形容呢？說得旁若無人似地。就好像在做生意的時候，先把價格抬得老高，好讓對方卻步，之後再給予折扣，反給人得利的感覺，那簡直是虛張聲勢！

里村：是。

蔡英文守護靈：一開始就不想用適切價格進行買賣，所以作勢把價格抬高之後再進行交涉。

里村：的確。

蔡英文守護靈：這在亞洲還有西亞一部份的文化也有這種傾向，那不是很好的文化。學習過歐美思想的人來看，恐怕會覺得不可思議吧！中國就是有這種毛病。

但是說回台灣，若讓中國光靠一張嘴就拿下台灣，日本可就危險了。

里村：是。

蔡英文守護靈：台灣失守，日本就首當其衝！

對「馬總統與習近平主席會談」之評價

里村：

猶記去年年底，有件或許影響此次選舉結果的事，就是馬總統和中國國家主席習近平進行了會談，部分人士認為那是「歷史上的創舉」。對於馬總統和習近平國家主席的會談，蔡女士守護靈您如何評價？

蔡英文守護靈：

嗯，哈哈，開玩笑地說，那就是他「露出馬腳」了吧！哈哈哈哈哈哈（笑）

里村：啊（笑）。馬腳……。

蔡英文守護靈：「馬（總統）露出馬腳」……（笑）。

里村：（笑）是。

蔡英文守護靈：

用另一種說法，也可說是去「抱大腿」。他認為「只要去抱北京的大腿，就能穩固台灣的繁榮」。

里村：是。

蔡英文守護靈：
他應該是認為「只要和即將成為世界最大、最強的國家保持連結，台灣的未來就有望了」。

里村：嗯。

蔡英文守護靈：
他想讓人們認為他是「最適任的」，進而想透過會談而有利於總統選舉，沒想到造成反效果，也就是說他「誤判了民意」。

里村：是。

蔡英文守護靈：

換個主體來比喻，就好像沖繩縣知事前去「朝拜北京」，讓日本國民感覺疑惑，「沖繩何時成了中國屬國啦？」相信縣民們肯定會這樣想。

中國意圖營造和對方之間的「差距」

里村：兩岸首腦對談後的記者會上，中國方面不是習近平親自出席，而是由底下的事務官出面發言。另一方面，台灣則由馬總統掛著可謂非常滿意的表情參加記者會。該如何解讀如此安排呢？馬的立場不就……。

蔡英文守護靈：中國老愛那樣做。

里村：怎麼說？

蔡英文守護靈：

中國想要營造和對方之間的差距。他必須要讓國內人們看到「台灣不過是一個省」，以日本的感覺來說就如同「馬先生不過是個縣知事」。中國想強調「兩者並非是對等的」，如果是對等的話就變成「國家對國家」，但他想要人們「明白兩方不是對等的」。

好比說沖繩縣知事，能夠屢次和安倍當面進行交涉嗎？最高差不多只能到菅義偉官房長官（內閣秘書長），要不就是止於沖繩的擔當大臣吧！藉此來顯現彼此的位階高低。

Chapter3

第三節

蔡英文守護靈構想的「台日關係」

Chapter 3

蔡英文守護靈認為「親日始得造就台灣的繁榮」

里村：

從您一開始到現在的談話，我感到您對於馬政權多有批判。今年五月政權即將交替，轉由蔡英文女士與其政黨執政。在政權交替之後，將會有什麼樣的改變？也容我向您請教，您對於今後可能的趨勢變動有何看法？

蔡英文守護靈：

上回二〇一二年的總統大選時，就跟之前日本民主黨掌握執政權一樣，當時即出現了災禍。

里村：災禍是嗎……。

蔡英文守護靈：

沒錯，災禍。必須要去除那人災才行。畢竟台灣有台灣自己的優點和繁榮。

里村：是。

蔡英文守護靈：

過去一段時間，台灣有著中國感到稱羨的繁榮。台灣發展繁榮的基礎，可以說是過去眾多日本人來到台灣所打造出來的。台灣進入了日本的陣營，成就了繁榮的基礎，我認為「親日始得造就台灣的繁榮」。

因為親日，所以得以維持住能與歐美文化連結的想法。進入了哪個文化圈，其後的差異是很巨大的。

里村：是。

台灣是世界史中成為重大轉捩點的戰略要地

綾織：

也就是說，您會加強與日本的聯繫，進而讓往後經濟更為發展，並透過加強連結，間接保障台灣的安全？

蔡英文守護靈：

不管是台灣的安全國防或是菲律賓國防、越南國防、日本國防全都一樣，各國必須要互相合作，否則就無法防範「野狼的侵略」。從中國本土來看，台灣就有如喉嚨裡的小刺一般。

里村：嗯嗯。

蔡英文守護靈：
只要台灣還存在，中國就處於這種被刺著的狀態。中國也想要往波斯灣方向採石油，只要還有台灣在，中國就無法恣意往海上進軍。

里村：是。

蔡英文守護靈：
但如果台灣成了懷中物，那可就徹底自由了，喉頭小刺就完全拔乾淨了。
然而，「刺拔掉了」或許對中國來說是好事，但對於日本來說，將來恐有「確保海上航道」的問題。此外對於與日本結盟的美國來說，亞太地區以及非洲方面的海洋戰略就會變得有點棘手。台灣可說是要衝之地。

里村：沒錯。

蔡英文守護靈：

台灣雖然地方小，但在世界史當中，台灣總是成為轉捩點的戰略要地。

針對中國施行之經濟制裁的看法

大川裕太：今天非常感謝您的降臨。

蔡英文守護靈：請說。

大川裕太：

首先我想要請教的是，李登輝總統時代，日本的經濟力遠大於中國。當時台灣的人們也普遍認為「親日」能得以連結「經濟上的繁榮」。

雖然在馬總統時代的經濟，普遍聽到都是沒有那麼理想的評價，但和中國取得連結，亦不失為一種讓台灣經濟得以繁榮的想法。

而在蔡女士成為台灣總統之後，估計北京方面會加強對台灣的經濟制裁，與中國進行經貿往來的台灣財經界人士，或許會希望蔡總統「勿對中國採取太過強硬的態度」。

蔡英文守護靈：嗯、嗯。

大川裕太：澳洲前總理艾伯特，在上台後表現出非常親日的態度，但基於澳洲有輸出煤礦、鐵礦給中國，也有來自中國的投資，結果因為國內反對聲浪，換成親中的騰博擔任首相（二〇一五年九月）。考量到如此背景，雖然不是說非得「在日本和中國之間選擇一國」，但針對經濟問題以及國內的輿論影響，您有何看法？

蔡英文守護靈：

嗯～。李登輝先生過去是國民黨員，但他曾經留學過日本，日語也非常流利。對於日本人來說，在過去的確難以分辨我們兩黨的差別，但是馬總統可就不一樣了。

至於有關「或許中國會有制裁舉動」的說法……。現在正好是中國春節連假，日本非常依賴中國人前來日本「爆買」，不過不是只有中國「爆買」，台灣人也會「爆買」，日本人或許難以區分兩者，但其實台灣人也會大量購買。

如果我成為總統之後，北京政府欲進行經濟制裁的話，那麼外界就會看清北京政府的侵略姿態，我想日本、美國都看得出來。

日本很有可能會逐步減少與中國的交易。而美國方面，即便是民主黨希拉蕊當選美國總統，我想屆時她的做法不會和現在一樣。一定會對中國有所警戒，進而給予某種制裁。
將對中貿易受到削減的份量轉到台灣，我想問題即能解決。

里村：是。

蔡英文守護靈：
日後即便台灣不和中國交易，和日本交易的話，台灣仍得以存活。

針對「鴻海」援助夏普的意見

里村：此次日本的企業夏普受到了台灣的鴻海企業集團很大的支援。

而鴻海集團本身的經營中心是把商品賣到中國本土。對於此次鴻海支援夏普的舉動，您的看法如何？

蔡英文守護靈：

嗯～。那是企業經營者的想法，我沒有什麼可置喙之處。並非是國家在經營那企業，所以我不曉得他打算採取什麼策略。

但至少是台灣的企業援助資金，讓夏普得以重建。我想鴻海是想藉此加深日台整體經濟交流。鴻海雖與中國進行諸多交易，但此次收購必定是為了分散風險。

里村：原來如此。不應該將此舉視為併吞，而是如同您所說的，藉由加強與日本的經濟連結，以分散對於中國的風險……。

蔡英文守護靈：如果客戶只有一個的話，就有可能被全盤拿走。就連鴻海也是會很害怕被中國全盤接收……。

里村：原來是這樣。

蔡英文守護靈：如果是做生意的話，當然沒什麼不好，但要是被接收成為國營企業，那就不妙了。所以必須得和日本或美國在資金上有某種程度的連結，否則就危險了。

里村：是。

蔡英文守護靈：理所當然地，萬一台灣被中國接收或侵略時，屆時他們就有機會把總部移到日本。他們肯定有此盤算。

「『雙管齊下』解決沖繩問題，以期加深與日本的關係」

里村：實際上在兩年前，台灣學生們佔領了立法院。

蔡英文守護靈：是，沒錯。

里村：

其契機源自執政黨和中國，透過黑箱作業締結了自由貿易協定。台灣的年輕人們為此感到非常憤慨。我想他們非常警戒，認為台灣不該和中國有更加緊密的經濟來往。

我可以將其解釋為，人們希望能和日本有更緊密的關係嗎？

蔡英文守護靈：嗯，今後我會盡量多發出那方面的消息。

里村：這樣啊……。

蔡英文守護靈：

同時這麼一來，沖繩的問題將變成「三明治」狀態。也就是說，當我採取親日的態度時，日本政府必將表示歡迎。沖繩問題在如此夾擊之下，就能獲得解決。

並且我想藉此和日本建立更緊密的關係。

里村：

原來如此。馬總統對於尖閣諸島的問題，也和中國同一時期主張那是台灣的領土。這麼說來，今後其解釋的方式也可能有所改變囉？

蔡英文守護靈：

那說法真是因人而異。李登輝先生曾說「尖閣諸島是日本的」，但他當時可是國民黨人呢！

里村：是。

蔡英文守護靈：所以說法真是因人而不同。

中國北京政府主張「尖閣諸島是台灣的」，只因為他們認為「台灣是中國的」。所以即便主張是台灣的，到頭來還是中國的。所以不管是中國說那是台灣的，最終都是一樣。權利越多越好，管他是中國的還是台灣的，反正中國想要就是了。

中國和越南、菲律賓、台灣、日本等國還有很多關於島嶼領土的紛爭。這還關係到美國的態度，南海、東海的海洋安全，會因戰略、外交而有很大的變動。

Chapter4

第四節

戰後飽受美蘇冷戰牽連的台灣

Chapter4

中國在越戰中實為美方「無形的敵人」

大川裕太：我還想請教蔡女士對於美國的想法。有一個說法認為，當時把台灣割棄的其實是美國。

蔡英文守護靈：是啊！

大川裕太：

當時尼克森先拜訪中國（一九七二年）。他跳過日本和台灣，跳過實際上是美國同盟國的台灣，和中國恢復交流。

此外卡特總統幾乎是被中國的讒言牽著走，中國要求美國若是要樹立關係，就必須捨棄台灣。

蔡英文守護靈：嗯、嗯。

大川裕太：

繼卡特上任的是雷根總統。雷根先生比較聰明，他曾表示「我愛台灣人民」，並且和中國北京政府保持距離。之後的老布希總統和柯林頓總統，這兩個人被鄧小平和江澤民玩弄於掌心。柯林頓先生甚至應允中國政府的要求，向台灣提出「三不政策」，也就是「不支持台灣獨立、不支持一中一台、不支持台灣加入聯合國」。基於中國政府的要求，美國總統承認了對台的三不政策。

蔡英文守護靈：是。

大川裕太：

應該是小布希曾經說過，「台灣問題是美國主動放棄同盟的唯一例子」。

蔡英文守護靈：嗯。

大川裕太：

當美國要和中國強化關係時，台灣問題必定會被拿來測試美國態度。美國的確曾經割棄掉台灣。

您曾經留學過美國、英國。就您來看，美國這個國家值得信任嗎？美國日後有可能隨時放棄台灣嗎？能否告訴我們您的想法？

蔡英文守護靈：

剛才那些應是發生在你出生之前的事，不知你有多少實際感受，但當時美國是處於和蘇聯冷戰的時期，一直是難分勝負的狀態。

更早之前，一九六〇年代的甘迺迪時期，美國經歷了古巴危機。在經歷了或許會和蘇聯發生核武戰爭的古巴飛彈危機之後，又參與了越戰。事實上，當時進到北越的是中國軍。

美國以為自己在和佔據北越的越共（越南南方民族解放陣線）打仗，但中國軍無限提供越共武器與彈藥，米格戰鬥機的駕駛員實際上也是中國軍人。

北越沒有敗下陣來的理由，就是因為得到鄰國中國的莫大支援。如果沒有那支援，肯定打敗仗。所以美國是和那看不見的中國敵軍進行了代理戰爭。

●古巴飛彈危機：一九六二年，蘇聯於古巴建立飛彈基地，因而興起了美蘇對立。當時危機的狀況，幾乎要發生核武戰爭。

二戰結束後五年發生的韓戰極其慘烈

蔡英文守護靈：

在那之前還有韓戰呢！一九五〇年開打的韓戰也是一樣……。日本長久以來說著大東亞戰爭、太平洋戰爭、第二次世界大戰的戰況之慘烈，但當時韓戰期間有多麼悲慘，現今日本年輕人幾乎沒一個人知道。

當時美軍死了三萬數千人，而韓國方面卻死了超過五十萬人。說是韓戰，卻有相當多的中國軍進入朝鮮半島。據說中國軍的死者高達八十萬到一百萬人。北韓也死了幾十萬人。那是一場非常大的戰爭，死了一百萬、兩百萬的人，且在日本的戰爭結束後不到五年即發生。

當時麥克阿瑟想要對北韓相當於現今發射核彈……不對，是相當於現今發射導彈的地方投下核彈，後來被杜魯門解職。其實也是要看怎麼想，若是他當真投下核彈，或許戰爭就會在那時提早結束。

正因以常規武器作戰，中國人民解放軍才採取了人海戰術，造成龐大的損害，並在三十八度線前停住。

美國於中國與蘇聯之間佈陣

蔡英文守護靈：

在如此背景之下，美國和蘇聯的冷戰一直持續，那真是棘手……。總之，美中恢復邦交，大概是一九七二年前後吧？

里村：對，一九七二年（注：美中是在一九七九年建交）。

蔡英文守護靈：

基於戈巴契夫的改革，蘇聯開始瓦解。這大約發生在一九八九年到一九九一年之間。

里村：是。

蔡英文守護靈：

在那之前，蘇聯是日本的假想敵國，美國也與日本抱持同樣想法。於是為了對抗蘇聯，美國對中國是採取懷柔政策。從整體國家戰略來看，難免會無視小小台灣的領土權和貿易關係。

當時美國外交參謀季辛吉實行忍者外交，其實美國政府早知道季辛吉已受共產黨影響，季辛吉早就受共產黨相當程度的洗腦。當時美國總統身邊都是共產黨的間諜。不清楚美國是否假裝不知道，總之美國先擱置與中國的複雜角力，致力戰勝蘇聯。

美國當時沒有料到，中國會成為日後的敵人。當年中國的經濟規模很小，與日本相比也非常小。那時候的GDP（國內生產毛額），或者應該看ＧＮＰ（國民生產毛額），那時一個日本人所賺的錢，相當於一百個中國人的收入。根本就沒有辦法相比較，所以美國並沒有把中國看在眼裡。

美國只考慮對抗蘇聯，為了避免中蘇結為共產黨同盟，還是必須事前防範。恰巧中蘇的關係正好陷入僵局，美國便「趁隙從中佈陣」，心想「若是那兩國聯手，美國就得同時對抗兩個對手，那就不妙了」。最終，雷根還是在美蘇冷戰中得勝。

美國為「日本恐在近期成為敵國」深感恐懼

蔡英文守護靈：之後的柯林頓政權就過於傾中，使中國得以發展。當時日本不斷壯大，所以美國對日本充滿戒心。那時候的氛圍是美國警戒做為老二的日本會不會把美國給吃了。畢竟那段期間內，ＳＯＮＹ公司買下紐約時代廣場，還買了各式名畫。日本這方買下了各種象徵美國的東西。甚至據說當時東京丸之內的土地市價，可以買下美國整片土地，美國的確是該害怕。一九七〇年代後半，傅高義還寫了《日本第一》這本書。

里村：是。

蔡英文守護靈：

來到一九八〇年代，可謂日本經濟成長最迅速的時候，也是泡沫經濟的前期。後來過了尖峰時期，泡沫就瓦解了。

美國國內害怕「日本雖為同盟國，往後仍有可能會變成敵人」，於是轉念「加深對中關係以牽制日本」。

美國當時的國家戰略就是一方面牽制日本，一方面防範中國和蘇聯的交好。

那時的政治領導階層未善加思量未來的情況。以中國當時那般的經濟規模和人口來看，美國「從與中國無邦交的狀態跨進有邦交的狀態」，那是一個影響層面巨大的政治判斷。在世界上占有那麼廣大人口與領土的中國，美國卻和他沒有邦交，那是很不得了的。

所以當時美國的戰略是「捨小取大」，而後來日本也追隨了美國的作法。

里村：是。

蔡英文守護靈：

記得是田中角榮擔任首相時，便追隨了美國作法。歷史不乏各種各樣的變化期，地位低的經常在如此關頭被捨棄。日本現在不就很拼命嗎？

現在中國經濟一直上揚，逐漸拉開與日本的距離。若是之後希拉蕊認為美中貿易逐漸擴大，進而表示要重視中國勝於日本，那麼日本就會陷入戰略危機，甚至國家危機。假使美國「寧可放棄美日同盟也要和中國結盟，以求經濟上和軍事上的安全」，那麼日本就會步上台灣的後塵，那是免不了的。

此時正是日本政治領導者，需要做出重大判斷的時候。

●田中角榮（一九一八年～一九九三年）：第六十四、六十五代內閣總理大臣。一九七二年，以現任總理大臣的身分初次訪問北京，和周恩來首相進行了多次會談，成就了「日中外交正常化」。基於此時的日中共同聲明，日本向中華民國（台灣）提出了邦交斷交。

Chapter5

第五節

日本與台灣該如何抵抗中國的霸權主義

Chapter5

日本有必要堅守「維護台灣」的立場

蔡英文守護靈：

現今日本國內強大的左翼勢力，要求美軍基地撤出日本，之前的民主黨政權也是如此態度。如此風潮再持續可就不妙了。

難怪當時歐巴馬總統那般驚訝，「沒想到日本的民主黨如同以往的社會黨，都是主張社會主義」。連歐巴馬總統都不禁訝異「難道美國和社會黨執政的社會主義國家結盟了這麼久嗎？」，不過好在日本民主黨下台了。

今後日本的國家營運方向若是出現錯誤，就會讓左翼媒體操控的左翼政黨上台，進而打壞美國的關係，反與中國結為同盟。這是對日本來說，最為糟糕的劇本，絕對要避免這樣的情況發生。

在這層意義上，由我來說或許有些奇怪，站在日本的立場上，對中國和台灣絕對要加以分割，並且堅持維護台灣的立場，這同時也是不讓中美結盟的絕對必要之舉。

日本保護台灣，而美國保護日本，若是讓如此狀態穩定持續，「美中同盟，其他皆捨去」的這種情形就很難發生了。

吞併成為廢墟的台灣對中國全無益處

綾織：

但在中國的立場上，到了二〇二〇年左右，共產黨將迎接創黨一百年，估計在那之前，中共會以併吞台灣為目標。假使蔡女士當選連任，任期是到二〇二四年，在這期間是蔡女士以台灣總統的身分引領台灣。

中國在二〇二〇年，最慢到二〇二一年之前，有很大的可能性對台發出軍事威嚇。在如此前提下，您會如何維護國家主權的獨立？

蔡英文守護靈：

我們依舊具備著運用常規武器來防衛台灣的力量，若是中國透過軍事侵略拿下台灣，有好處也有壞處。不諱言，如果中國強硬起來，確實可能拿下台灣。但台灣也有五十萬人的軍隊，我們的飛彈也會像刺蝟一樣進行保護，對進攻台灣的飛機和船艦同樣會受到打擊。台灣也能利用飛彈攻擊中國繁榮的南方地帶，中國不會毫髮無傷的。若要拿下台灣，得以南方地區的經濟崩壞作為代價。中台正式開戰，一定是「相互攻擊」的狀態。合併戰後已成廢墟的台灣，又有什麼好處呢？

●共產黨的創黨　中國共產黨於一九二一年七月，統整各地的共產主義組織，於上海舉行了中國共產黨第一次全國代表大會進而結黨。

中國是有能力發射核武，但是這麼一來，奪取台灣的好處就蕩然無存。反倒還得加以援助才能復甦。

所以說，台灣人能否堅守「不讓其佔領」的心境，這點最為重要。你們沖繩的政治領導者，現在正接受中國的援助，水面下中國可是做足小動作。若是一個不小心，沖繩可是會被中國吃掉喔！

里村：是。

蔡英文守護靈：這不是開玩笑的。

中美的「新冷戰」已經開始

綾織：

在如此狀態下，有一個重大的變數就是「美國會採取何種行動？」。

一九九六年，台海危機時，美國即派出了航空母艦予以牽制。

蔡英文守護靈：柯林頓時期也派過航空母艦，雖然那只是做做樣子。

●台海危機：中國和台灣之間，於一九五〇年代至九〇年代期間，曾發生四次軍事緊張的事件。此處所指的是一九九五年到九六年期間，因為受到中國試射導彈的影響，所發生的第三次台海危機。

綾織：時至今日，中國已開發出可從中國本土直接攻擊航母的導彈了。

蔡英文守護靈：嗯，是啊！

綾織：同時，美國的方針也有點改變。雖然美國的航母目前來到日本，萬一台海發生危機，航母就會南退到關島、夏威夷附近，之後再慢慢和中國纏鬥。現今美國的方針變成如此，和過去的情勢有很大的不同。

蔡英文守護靈：現在美中之間已開啟新的冷戰時期。美國已經發現中國軍正打算用電子駭客癱瘓美國電腦。

里村：是。

蔡英文守護靈：「資訊戰」已經開打了。中國正在觀察要攻擊到何種程度，才能製造出足以讓美國造成混亂的損害。

●中國的導彈：據估計中國成功開發了東風21型反艦彈道導彈（DF－21D），能將美國航母做為主要攻擊目標。

美國幾乎所有的武器都透過電腦操控，假使透過駭客干擾其電腦指示，飛彈就無法發射，神盾艦將陷入混亂，甚至太空站亦無法發揮功能。中共正在構築縝密的作戰計畫。

中國的戰略旨在「逆轉獲勝」

蔡英文守護靈：

只不過，若是美國認真起來，表態「不迴避戰爭」並採取強硬態度，現今的中國北京政府還不會想要興兵作戰。目前中國僅是拼命地向外界「虛張聲勢」，藉機壯大自己。等到經濟上達到逆轉程度之時，才會露出本性。目前僅處於「脫皮」的第一階段，到了第二階段，經濟面有所超越時，中國自將表現得更為強硬。不過我猜美國也很明白這點。

日本在七十年前，就成功建造出航空母艦，和美國進行機動部隊戰鬥。中國現在才開始建造航母，那還是從俄國輸入零件並加以改造，常規武器的戰鬥力依然很低落啊！

縱然中國坐擁好幾百枚的核彈，美國可是有著數千發核子武器啊！我想不管是在日本或者是全世界，都找不到一個指導者會蠢到發射手中全部的核武。如果沒有任何的好處，絕對不會想要那麼做。要是歐巴馬總統將美國境內的核武都「歸零」，那就有不少好處，但那是不可能的。如果玩真的，雙方就會互相發動核武攻擊，所以最終是不會全部發射的。

所以中國的基本戰略就是「慢慢地扭轉情勢，逐步逼美國讓步」。

即便六國協議當中，推派中國說服北韓，但是今天北韓發射彈道飛彈，中國也不會加強經濟制裁。甚至可以大膽推測，中國是明知北韓會那麼做進而放任不管。

中國為了回歸國際社會，必須讓外界感覺他和北韓關係不好。然而中國為了防衛本土，仍須豢養著那個「無賴漢國家」。中國透過表現出「北韓要搞什麼名堂我可不知道喔！」的態度，以加強自身的存在感。

里村：是。

蔡英文守護靈：所以為了威脅韓國、威脅日本、威脅台灣，中國還會繼續利用北韓。反正只要向北韓送上石油或是糧食，關係馬上就能變好。

中、美、日之間的「情報戰」實情

大川裕太：

方才您提到，與中國軍的對戰已進入了資訊戰領域。著眼於中國共產黨、中國人民解放軍的作戰方法，大概一九九九年左右，一位人民解放軍的將級人士，寫了一本名叫《超限戰》的書。

書中提到「常規武器、核子武器已跟不上時代，變得太過昂貴，等於是用黃金子彈去擊鳥一般」。

並且還論及到「其實中國最有可能的就是藉由資訊戰，攻擊伺服器以癱瘓金融系統，或者是透過資訊恐怖攻擊，對美國造成可比九一一事件般的慘重狀態。中國打算倣效孫子兵法中的不戰而勝之計」。

蔡英文守護靈：嗯、嗯。

大川裕太：

然而，我觀察蔡女士的言論，雖還稱不上是懸念，但稍微有些不安的是，外界皆認為蔡女士「非常理性」，又是一位法律學者，所以認為蔡女士的想法或許接近「先基於法律縝密思索理論之後才付諸行動」。若以此為前提。若是遇上《超限戰》一書所提到的戰爭狀態，恐怕無法像邱吉爾或甘迺迪那樣，能夠迅速而大膽地做出決斷。我有點擔心會不會很容易就「中了中國共產黨的計」。關於這個問題，您的看法如何？

蔡英文守護靈：

中國的確是一個難纏的對手。中國有幾千年的歷史，雖然都是國內的戰爭，仍不影響其經驗豐富的事實，亦不乏各種戰略、戰術。所以對於戰爭，中國可熟悉了。他們在實際作戰前，經常先「以謀略戰、情報戰貶低對方」。

不管是在日本或者是美國境內，都出現非常多的政治掮客。韓國也常運用這個手段，韓國擅長煽動反日情緒，試圖孤立日本，好讓日美關係變得惡劣。

這就是所謂「不使用兵器的戰爭」。剛剛提到「讓美國的金融系統崩壞」的作法，同樣不需實質兵器。

然而，美國也開始進行相同的策略。美國現在把中國視為假想敵國，中國現今經濟扶搖直上，美國正在思索如何使其崩解。美國打算讓中國的經濟逐漸崩潰，這在水面下正逐步進行中。

現今中國的亞投行（ＡＩＩＢ，亞洲基礎設施投資銀行）和環太平洋的ＴＰＰ（跨太平洋戰略經濟夥伴關係協議）之戰已經開始，這可是一場合縱連橫之戰。究竟是ＴＰＰ會贏？亦或是亞投行獲勝？我猜想亞投行會打敗仗，目前恐怕無法得勝。

只有中國一國持有否決權，如此獨裁式的投資銀行根本算不上金融系統。那種玩意兒（笑），我想再過不久就沒有人會跟隨了。

那種承認中國獨裁的金融系統，絕對不可能統合整個世界的（笑）。絕對不可能，美國和日本就沒有加入，因為毫不值得信任。各國根本沒有辦法對人民幣寄予徹底的信賴。

這兩個組織其實就是實際兵器以外的經濟戰、心理戰、情報戰。不知日本有無落後，但其實世上已有人開始進行如此戰爭。

就像你們一樣，進行思想戰的人們，已帶給世間莫大影響。對台灣也有影響，對中國、美國也出現了影響。

幸福科學及幸福實現黨所散佈的資訊，遠比你們自己所想像的更具龐大影響力。你們針對中國南部、香港、台灣、韓國、菲律賓等地所發佈的各種資訊，已出現不少影響。這也是一種「超限戰」啊！

Chapter6

第六節

「日本應承認台灣是一個國家」

Chapter6

蔡英文守護靈對日本有何期望？

里村：方才您回答了有關於領導者做出大膽決斷的問題。另一個問題是，在現今國際政治中很少人提及台灣和俄國的關係。現任俄國總統普丁，他能夠快速做出決斷。在中國夾於其中的狀況下，您是如何看待台俄之間的關係呢？

蔡英文守護靈：

長久以來，台俄關係並無長足發展……。今後如果日本和俄國的經濟交流進一步活躍，我想台灣即能加入其中，我是這麼希望的。

里村：您是指以「透過日本」的形式對吧？

蔡英文守護靈：嗯。我希望台日也像美日同盟一般，結為同盟。雖然當年台灣被日本割棄掉。日本隨著美國的腳步，一度捨棄台灣，把台灣推給了中國。從貿易金額來看，中國本土的確比較龐大，日本難以切割中國。

不過從法律學者的角度來思考，若日本能夠承認台灣這個國家的話，在領土防衛上絕對有其益處。

里村：這是非常重要的發言。

蔡英文守護靈：

日本是可以辦得到這點。日本只要釋放出，視台灣為一個國家，承認「兩個中國」的存在之訊息即可。

儘管中國北京政府不會承認，不過「一個中國」的說法本就毫無根據。

但現在是外省人的國民黨在支配台灣，從受同一個民族支配的角度來看，說那說法沒根據又好像還有點緣由。

然而，在民進黨的政權下，還是將其分成兩個中國會比較好。

那麼一來，台灣做為一個獨立國家，國際法便不容許任意侵略台灣的行為。

日本應當明辨「台灣在戰略上的重要程度」

里村：

您的一番話語，在現今的外交問題專家眼裡，都認為那是空想，不曾認真看待。

但在日後蔡總統的任期裡，我認為日本非常有可能承認台灣是個獨立國家。

從總統大選的壓倒性勝利和立法委員的選舉結果來看，可說充分反映了現今台灣民意。今後對於日本，您是否會採取行動，要求承認台灣以及建立邦交？

蔡英文守護靈：

美國正表示不會承認中國所主張的東海小島的主權。對於中國在南沙群島所建立的飛行基地……飛行跑道？。

里村：是，飛行跑道。

蔡英文守護靈：

美國對於中國建立的飛行跑道也感到非常惱怒。不久將來，難保不會發生地區紛爭。美國有很多血氣方剛的人，可能會主張加以攻擊。只不過，目前美國僅主張「航行自由」，讓船艦航行於航道上，表現得稍微有些姑息之態。我認為應該要更大膽地動作才是。在這般狀態之下，防衛台灣的正當性已然確立。

方才其實也提過，日本的基本外交戰略，一個就是「美日同盟」，另一個就是「維護從阿拉伯半島運出石油的海上航道」。就這兩個關鍵。日本繁榮的基礎就是「美日同盟」及「維護從阿拉伯半島運石油的航道」。前次大戰就起因於石油問題啊！

里村：是。

蔡英文守護靈：

在維護海上航道的安全上，台灣有著重要的戰略意義。如此道理，日本卻只有一小部分保守人士明白。已經過世的岡崎先生就曾經主張其重要性，大川隆法先生則是在很早之前便察覺到台灣的重要。這跟台灣島嶼上的人口和貿易額都沒有關係。透過台灣這個國家的獨立，並且隸屬於自由主義陣營，北京政府就無法一手掌控這一帶的海上航道。

現在中國正打著「一帶一路」的如意算盤，試圖建立海上絲路。那可是無比恐怖的侵略主義啊！

倘若成真，那對中國可真是件好事（苦笑）。路上絲路還延續至海上，對中國來說真是值得慶賀，但日本可就吃不消囉！

若中國掌控了連結到澳洲的海上航道，那日本要往哪兒買石油？難道屆時又得向美國買石油？

產出石油的是伊斯蘭教圈，中國當然會考慮共產主義唯物論國家和伊斯蘭教圈合為一體的戰略。

若真應了中國的意，中國將透過合體佔得力量優勢，因此攸關日本的未來，「對台政策」和「對印度政策」就顯得非常重要。

中國早已著手「抹殺日本」之計

綾織：外交評論家岡崎久彥先生曾說過，安保法案之後就該正視台灣問題。

蔡英文守護靈：應當如此。

綾織：在某種意義上，這可以說是他留給安倍首相的遺言。

●「一帶一路」構想：二〇一四年習近平中國國家主席所提倡的經濟圈構想。「一帶」是指從中國連結到中亞、西亞的陸上地域，「一路」是指從中國通往南海、印度洋，經過阿拉伯海連至地中海的海上通路。這亦被稱為「陸地及海洋的絲路構想」。

根據報導，蔡總統前次造訪日本時，曾在東京和安倍首相本人會面。您對安倍先生抱持怎樣的期待呢？

蔡英文守護靈：嗯……。我希望他不要再回歸到自虐史觀了。基於日本左翼份子持續進行活動，我想他是為了能拉攏那些人，承認「從軍慰安婦」以及「南京大屠殺」等等，藉此取得更多的選票。我想那同時也是為了安撫媒體，但我認為他還是必須採取毅然的態度，貫徹自己的理念。

里村：喔喔……。

綾織：是。

蔡英文守護靈：

所以下一波策略重點應放在台灣。若是台灣被中國拿下，日本就真的不保了……。抹殺日本的作戰老早就開始了。

譬如現在日本不是有反核運動嗎？還有訴求美軍基地撤離沖繩的運動，甚至還想要切斷海上航線。

若是石油供給線斷絕、核電停擺、美軍被趕走，日本可就變得赤裸裸，這非得加以對抗才行。

日本的左翼勢力當中，已經潛入了很多中國豢養的鷹犬，這絕對要加以推翻，「思想戰」是再所必須的。

幸福科學不可停止「對保守政權的掩護射擊」

蔡英文守護靈：

你們可能沒有足夠的政治勢力，但在維持保守派政權不受敵人攻擊這方面，你們確實地投下了許多「煙霧彈」。

無庸置疑地，那是一股很大的力量。現在安倍也漸漸地對你們有些反感。但是如果缺乏掩護射擊，基本路線將無法繼續維持，日本很快就會撐不下去。

里村：您是說由蔡總統進行掩護射擊？

蔡英文守護靈：不不不，我是說你們。

里村：喔喔，是我們啊！

蔡英文守護靈：幸福科學和幸福實現黨不可停止掩護射擊……。

里村：嗯嗯，否則日本就會撐不下去？

蔡英文守護靈：

嗯嗯嗯。沒辦法，真的不成，安倍將變得過於孤立。

譬如去年百分之九十幾的憲法學者均宣稱「安倍政權違反了憲法」，說安倍「變成獨裁者一般，違反立憲主義」，甚至百分之七十幾的憲法學者還說「自衛隊的存在也違反了憲法」。

法律固然很重要，但安倍為了凝聚修憲的勢力，導致他「看起來像是獨裁者」，進而促使傾左勢力逐漸增加，媒體也往那一邊傾倒。你們雖然是宗教和宗教政黨，但你們對於「憲法論」的確有所論述。

里村：是。

蔡英文守護靈：我認為那是非常重要的。

Chapter7

第七節

如何對抗來自中國的威脅

Chapter7

日本過去緊打中國共產黨軍實為「正確」舉動

里村：

方才您提到，「為維護日本的獨立及自由，不可讓中美兩國太過靠近。因此日本欲保護台灣之表態，對日本的安全保障至關重要」。如此論點，不管是現今日本的政治家之間，亦或是在台灣，似乎均不受重視。今後您會朝那個方向提出呼籲嗎？

蔡英文守護靈：

香港自從脫離英國，歸還中國之後，其實就沒戲唱了。原本人們還期待能維持五十年的原有體制，但終究是撐不過。

里村：確實如此，十年就變成這樣了。

蔡英文守護靈：

台灣人當然也知道，台灣有可能面臨同樣的未來。「屆時是北京政府想怎麼樣就怎麼樣」，「就算是能夠選總統，最後也像是在選縣知事」，這些台灣人都很明白，北京的意向就能左右結果。所以我們就像是獨立軍。當然我們的友軍不僅限於日本，中國想要侵略的菲律賓、越南等國家都算是我們的友軍。

這可算是「大東亞共榮圈」的復活。大家必須一起挺身保護。在上次的戰爭時，「日本追擊毛澤東率領的共產黨軍」可是正確的行為，甚至當時應該將其徹底殲滅，讓他逃走是最大失誤。他逃往西邊得以留命，這是個重大敗筆。

美國當時幫助中國亦為錯誤之舉。美國應當好好反省那決定。假若能乘勝追擊，使中共於當年斷氣，戰後局勢就不會發展至此，美國等於是錯寫了歷史。

所以說，當時的日本是正確的。解放亞洲殖民地戰爭是謂正當，追擊中國共產黨也是正確的。當時實在是應該使其徹底崩盤，讓毛澤東送命於中國西部。

里村：

最近的學者研究發現，當時毛澤東為了迴避日本軍攻勢，拼命把間諜往日本送。

蔡英文守護靈：

毛澤東不斷地換洞窟，一直逃、一直逃、一直逃、一直逃，壞事做盡……。

中國沒有資格批判恐怖組織，背地裡一直幹著壞事，自己就相當於恐怖份子的老大。

若是美軍抽手，就必須建立「新大東亞共榮圈」

綾織：

方才提到了，國民黨聲稱蔡女士執政時就會有戰爭的危機，但站在台灣人、台灣國民的立場上，難免對於「未來和中國之間的關係恐將變得相當糟糕」一事會感到疑慮。關於這部分，您是否考慮和中共持續對話呢？

蔡英文守護靈：

兩者之間的關係的確很複雜。日本要和北京、韓國修復關係都很難了。好比最近日本有口無意地向南韓付了十億日幣，宣稱要救濟從軍慰安婦。那種不做點秀就無法與南韓總統對談的狀態，實在是太羞恥了。

總而言之，最基本的，日本若不表態保護台灣，沖繩肯定不保，那可真的是保不住喔！這點最好要有所認識。

美軍的抽手必定會到來。觀看現在北韓發射導彈的舉動，正是對美國下戰書，那像是在挑釁「就算你退到關島或夏威夷，我一樣打得到」。如果美軍沒有什麼反應的話，之後就會退到美國西岸了。

綾織：也就是說，您預測美國會變成無法作戰的狀態？

蔡英文守護靈：

嗯，會變成那樣。若是美國的戰線退回本土西岸，太平洋、印度洋都會變成中國海域。

綾織：

若是真變成那樣，雖不知日本、越南、菲律賓有無力量（苦笑），包括澳洲的這幾個國家勢必得團結奮戰。

蔡英文守護靈：

對，必須要打造「新大東亞共榮圈」才行。除此之外，為求打破中國「一帶一路」的構想，必須在台灣、斯里蘭卡、印度等國先行佈陣。特別是對於菲律賓，在國策上務必給予支援。這樣才有夾擊效力。

此外，雖然越南目前由共產黨當政，待他們察覺錯誤時，肯定不會想讓中國侵略。畢竟日後中國很有可能突然高喊「越南過去是中國固有領土」云云，這可是會讓人受不了的。該是做一清算的時候了。

所以說，自由主義圈的想法應該更為擴大才行……。這是一場大規模的作戰策略。

為保障國家，也需要「核子武裝」和「推動核能」？

大川裕太：

今天收錄靈言之前，其實大川真輝專務理事（大川隆法次男）說過，蔡女士所屬的民進黨其實並非直接的保守派，原本國民黨才是保守政黨，特別是對抗共產黨的意義上來說。

蔡英文守護靈：啊，嗯嗯，的確有那麼一部分。

大川裕太：

在蔡女士所屬民進黨的支持基礎當中，有股名為「時代力量」的勢力，承接著香港「雨傘革命」後的潮流趨勢，十分重視反核及環境問題，一般認為屬於左翼勢力。剛才您也提到日本核電問題，對於蔡女士支持基礎之內的左翼勢力，您抱持著什麼樣的想法？

蔡英文守護靈：

畢竟政治還是必須得到選票才行，有些事情總是很難處理的（笑）。

不過面對北韓的挑釁，韓國已有百分之五十以上的民意希望韓國擁有核武。如果韓國有核武的話，日本將面臨何等境地呢？台灣又會變成怎樣呢？最後沒有核武的國家，就得背負很大的風險。所以一國之中仍須存在抱持著強硬想法的人，政治必須隨著情勢變化而轉圜調整，若是韓國有了核子武裝，想必日本不會按捺不動。

屆時就連美國都會變得無法要求日本「不可擁有核子武裝」，畢竟隔壁的韓國都有核武。

對於核能，看法自是各種各樣……。若不希望核武來攻擊自己的國家，以「切斷核武源頭」之意義上的反核確實有其意義，但在現今時代潮流中，如此想法仍屬浮動。

現在有很多未定數，為了保護國家，想法上應當更靈活一點。再說，假使海上航線全被控制，一路延伸至阿拉伯半島的海域都進入中國的支配之下，台灣自然需要考慮核能的推動。

若是石油運不到台灣就不妙了，即便藉油輪運輸，也有可能立刻被中國攔截，一滴石油都進不了台灣，那就十分糟糕了。

或許有人會說，還剩下從美國進口殼牌石油之類的辦法。但油輪一靠近菲律賓附近，難保不會被中國擊沉。被飛彈或潛艇擊沉，進而無法運輸油料的話，那台灣就會變成過去的日本軍那樣，這誰能保證不會發生呢？

目前中國境內的發電仍仰賴蒙古、澳洲的煤炭、鐵礦石，還在使用著落後技術，所以沒什麼關係。

但是中國現在也認為「煤炭效率差，又會產生PM2.5讓空氣變黑」，等中國決定捨棄煤炭，自然會將主力轉換為火力和天然氣發電以及核能發電。

若是這樣，勢必就要思索「能源防衛」的問題。

里村：原來如此。

「期望日本與美國能再度承認台灣是一個國家」

里村：

在這次的選戰當中，為了能得到各個族群的認同，蔡英文女士避免強調台灣獨立論。就選舉結果來看，此舉成功地吸收了各方支持。估計今後情勢仍會呈現非常不穩定的狀態，蔡女士會以現實主義加以應對嗎？

蔡英文守護靈：有很多台灣企業在中國設廠、辦公室，生意來往密集於兩岸之間。

所以說，一旦無法再和中國進行貿易，經濟勢必會受到很大的衝擊。為了照顧到這方面，不可說得過於極端。一方面維持中立的論調，之後再慢慢展現自己的獨特性，並且還得拉攏其他國家。有很多事台灣無法獨自辦到。如果台灣獨自打拼，想必會被中國慢慢榨乾。因此，台灣必須強化與其他國家之間的連結。我希望日本和美國能夠再一次承認台灣是個「國家」。

Chapter8

第八節

台灣與日本的靈性關係

8

Chapter8

對於此次「台灣大地震」之緣由的看法

大川裕太：

我還想要向您請教，今天收錄靈言的原因之一，就是此次大地震一事。其實我在思索此次地震原因的時候，想起過去曾發生過類似的事。當時李登輝政權即將屆滿之際，一九九九年九月二十一日，台灣發生了大地震，據說有兩千四百人左右因此喪生。

李登輝政權應該是在二〇〇〇年中旬結束，大地震就發生在李登輝政權的最後階段。

而這次蔡女士當選，眼看馬總統的任期只剩下一些，也發生了大規模地震。

到目前為止，尚未傳出多數死亡的消息，但若是與先前櫻島的火山噴發連結在一起，是否可視之為日本神道神明的意圖？還是說，那是「中國的神明」對台灣懷抱憤怒而引發的呢？另一方面來說，台灣存在著「台灣靈界」嗎？難不成那是美國或中國的地震兵器嗎？針對這點疑慮，若是守護靈您從天上界來看有任何想法的話，還請賜教。

蔡英文守護靈：

嗯～那是非常大範圍的看法。的確有些難以完全理解的部分。

嗯……（沉默約五秒鐘）。

我感覺到日本的神明們，懷著某種憤怒。我似乎聽到有聲音說著

「不僅是沖繩，台灣也是日本」之類的話……。

畢竟，台灣的確是日本促成發展的國家。

「日本對『朝鮮半島』及『滿州國』的統治實為正當」

蔡英文守護靈：此外，日本的神明同時對韓國感到憤怒。南韓總統那種軟弱的獨裁制，像是牆頭草一樣，且缺乏指導力量。看到現在猖狂的北韓，想起往昔歐洲拜託日本指導朝鮮半島、滿州國，其實還真是正確的啊（笑）。

現在那樣還真是不行啊！那樣的國家，簡直不容於世。宛如蒟蒻般軟弱的國家，真的是沒什麼用。若是當年日本能掌握滿州，間接讓中國無法出頭，確實是讓人比較樂見的狀況。

美國實在應該反省當時所犯下的錯誤。就是因為日本戰敗，才出現北韓這種國家。我想後來麥克阿瑟看到這種情形，也是臉色鐵青吧！

他當時應已十分明瞭，日本必須掌控滿州的理由。如果不掌控滿州，就沒有辦法牽制蘇聯和中國。

所以美國真該徹底反省一回。就是因為美國下錯一步棋，導致戰後產生這麼多麻煩。

北韓已然成為美國的「胃癌」。北韓那樣的國家，得有誰使其瓦解崩潰才成。

台灣靈界與日本靈界的關係

綾織：剛才有提到台灣靈界的問題，請教台灣有神明存在嗎？

大川裕太：

在今天的收錄之前，大川真輝專務要我提問，實質打造現今台灣基礎的蔣介石●，如今是在天國還是地獄？

此外，過去我們曾降下前總統李登輝守護靈的靈言（參照《從李登輝守護靈的靈言看東亞情勢》第一章「日本啊！要做個像樣的

●蔣介石（一八八七年～一九七五年）中華民國行憲後第一任總統，師承孫文。做為中國國民黨的指導者推動反共政策。第二次世界大戰後，敗於毛澤東的共產黨軍，逃至台灣。

國家！——來自台灣前總統李登輝守護靈的訊息」（九韻文化出版〕），其中提到「打造英國發展源流的克倫威爾，現做為李登輝先生轉生於台灣」。

蔡英文守護靈：嗯～。

大川裕太：

如此偉大之人之所以會轉生於台灣，是否源自於天上界的希望要讓台灣更加繁榮發展、更接近日本？

另外關於中華民國的國父孫文先生（參照《從李登輝守護靈的靈言看東亞情勢》第四章「孫文的靈言——革命之父講述中國民主化的理想」〔九韻文化出版〕），他現在是支援台灣政府？還是中共的北京政府？

蔡英文守護靈：嗯～。

大川裕太：以及從天上界來看，蔡女士的人生計畫等等，關於這方面的靈界狀況，還請您賜教。

●孫文（一八六六～一九二五）中國的革命家、思想家。一邊亡命於日本等地，一邊指導如何推翻清朝，一九一一年興起辛亥革命，成為中華民國首任臨時大總統。其後做為國民黨的指導者，提倡民族主義、民權主義、民生主義之「三民主義」，於過世前持續推動革命運動。

蔡英文守護靈：孫文基本上是在思考中國的民主化。先不論是否支援台灣，但他認為台灣的想法應該輸入到中國，也希望香港的繁榮能擴展到中國本土，總而言之，他並不贊成現今北京政府的想法。

里村：嗯～。

蔡英文守護靈：我想他是一位偉大人士。

里村：嗯。

蔡英文守護靈：

此外，談到「台灣是否有著偉人」，我想過去曾出現過幾位。鄭成功也在台灣成了神明，但他是出生於日本吧？

里村：是的，他有日本人血統。

蔡英文守護靈：所以他擁有來自日本靈界的支援。當時有許多日本的偉大人士來到台灣，那些人回到天上界後亦持續指導著台灣。那些的確都是知名的人物。

●鄭成功（一六二四年～一六六二年）中國明朝的軍人、政治家。父親為中國人、母親為日本人。和父親共同參加明朝復興運動，渡台之後成為鄭氏政權之祖。於台灣和中國皆做為民族英雄而尊敬。

綾織：您是指兒玉源太郎先生以及後藤新平先生等等嗎？

蔡英文守護靈：

對對對。因為這些人們仍關心著台灣，所以在台灣靈界當中，不只使用中文，日語同樣通用。

大川裕太：是這樣啊！

●兒玉源太郎（一八五二年～一九〇六年）日本的軍人、政治家。擔任第四代台灣總督，和後藤新平共同確立了台灣的統治體制。於日俄戰爭中擔任滿州軍總參謀長，於旅順會戰中貢獻了戰績。

●後藤新平（一八五七年～一九二九年）醫師、官僚、政治家。在兒玉源太郎之下擔任台灣總督府民政長官，制定了基於縝密的現地調查的經濟計畫，以及建設了民生基礎建設。在關東大地震後的內閣當中，擔任內務大臣兼帝都復興院總裁，參與了震災復興計畫的立案。

闡明生為日本人的前世

里村：所以蔡女士守護靈，您的日語才會這麼流利啊！

蔡英文守護靈：不，我是日本人啊！

綾織：原來是這樣！

里村：

剛才當您在論及天變地異的話題時，我就感覺到您似乎是明治時代的人……。

蔡英文守護靈：嗯～是明治嗎？好像是明治，的確是明治。

里村：所以是接近江戶時代，幕府末期……。

蔡英文守護靈：我的確是在明治時期較為人們所知。

里村：是在明治時期為人們所知嗎？

蔡英文守護靈：嗯。

里村：為了今後台灣和日本的關係，能否請教您的大名？

蔡英文守護靈：你知道誰被稱為「日本的盧梭」嗎？這是在考你們的學識。

里村：是中江……。

綾織：是中江兆民。

里村：對。

蔡英文守護靈：你們還真的知道，確實不簡單。

綾織：是這樣啊……。

蔡英文守護靈：嗯，就是寫下「民約論」的人。（《民約譯解》，盧梭《社會契約論》的翻譯本）

綾織：他在幸福科學當中，是被推測為「如來」的人……。

蔡英文守護靈：要這麼說我也沒關係，若真是這樣就太高興了。

綾織：這樣啊（笑）！

大川裕太：喔喔……真了不得。

中江兆民（1847~1901） 思想家、記者、政治家。土佐藩出身。於藩校的文武館學習漢學，又在長崎及江戶學習外語。兵庫開港之際，擔任法國外交團的通譯。明治維新之後，和岩倉使節團一同渡歐，於法國學習。歸國後，開辦法文學塾。其後，創辦報紙《東洋自由新聞》。他曾以漢文譯述法國思想家盧梭的《社會契約論》，繼而出版《民約譯解》一書。他成為日本自由民權運動的理論指導者。其他著作有《三醉人經綸問答》、《一年有半》等。

蔡英文守護靈：光是翻譯就成了如來，似乎有些怪怪的，或許是「泡沫如來」。或許那說法有點過頭，若能將民約論運用至台灣，或許真能成為如來。

大川裕太：原來如此。

里村：過去龍馬先生在您少年時期，曾使喚您去買煙草（笑）。您曾經和他有過往來……。

蔡英文守護靈：

的確有過往來。我和明治維新的志士們多有交集。過往打造明治的人們，現在不是有很多人都轉生了嗎？所以在台灣靈界裡，日語也通啊！

大川裕太：是這樣子啊……。

蔡英文守護靈：總之我前世是日本人。

里村：

原來如此，我今天感覺到您在理想、理念的部分與現實主義部分之間的拿捏非常適切。

蔡英文守護靈：謝謝，你的頭腦也很好。

里村：不不，沒那回事。中江兆民先生過去所進行的工作，應該也在其他的歷史上留下紀錄。會不會過去在歐洲或者是羅馬，和李登輝先生的前世有過某種緣份？

蔡英文守護靈：不用了啦，我想我過去世的名字，不需要被知道得那麼多啦（笑）！

里村：是。

蔡英文守護靈：不需再追問了，我現在正要展開新的工作呢！

綾織：好。

۱

Chapter9

第九節

為了實現亞洲以及世界的和平

9

Chapter9

「願與日、美齊心協力解決二十一世紀的重大問題」

蔡英文守護靈：

現在還有許多地方尚待解放，印度必須獲得解放，南非也需要解放，美國更需要解放黑人。

台灣或許土地面積小，但台灣可不能被殲滅，我想要在台灣樹立自由及民主主義。

這樣才能藉此抑制北京政府，洋化的經濟雖已滲透進中國，但中國在政治面仍很頑強。我希望讓此狀況止於習近平先生任內。

里村：是。

蔡英文守護靈：不過光靠我一個人的力量並不夠。仍須結合日本首相，以及下一任美國總統的力量。已經無法再容忍北京的體制以及北韓了，必須要加以改變才行。否則將會在二十一世紀持續留下嚴重問題，這是我們在二十一世紀初期必須努力的目標。

里村：或許和此次地震有關係，我一直在意著一件事。先前馬英九總統刻意在政權末期，前往中國主張領土權的南海海域，受到了來自美國和越南非常大的責難聲浪。

蔡英文守護靈：嗯。

里村：此舉和您今天所闡述的思想恰恰相反。

蔡英文守護靈：嗯，是啊！

里村：我想您對此應該感到非常憤怒，您的看法是？

蔡英文守護靈：嗯～。我想總統或許已在替自己為了亡命北京之時做好準備，那是為了自身的利益。

里村：馬總統的那番舉動，彷彿刻意切斷了今天您所提到的合縱連橫的部分。

蔡英文守護靈：從中國的規模來看，若不聯合亞洲諸國，實在難以與其相抗衡。再過不久，中國就會超越美國了，他打算成為世界第一強國。中國意圖在二十一世紀前葉成為世界最強的霸權國家，不管是在軍事面或經濟面，都要成為世界第一。我想習近平很想藉此成就被譽為英雄吧！

但不久後，也可能陸續遇上敵人。

里村：嗯～。

蔡英文守護靈：

所謂的敵人就是「民眾」。當正確的知識廣佈時，民眾就成了敵人……。

中國本來就是無法抗拒革命的國家，共產黨政府本身就因革命而興。

里村：確實如此。

蔡英文守護靈：中國最終亦將因革命而滅。

里村：啊啊，原來如此。

蔡英文女士守護靈如何看待幸福科學的思想運動

大川裕太：在今天的最後。其實蔡女士在當選總統之前，據說本會的信徒曾直接送給蔡女士大川先生著作的《太陽之法》和《黃金之法》（兩書中文版均由華滋出版社出版）。

蔡英文守護靈：嗯。

大川裕太：我想您應該有閱讀過。關於大川隆法總裁先生以及幸福科學，您的看法是？

蔡英文守護靈：日本是很偉大的，日本人當中亦存在著偉大人士，這點讓人感到很安心。

大川裕太：是。

蔡英文守護靈：希望你們能夠說服美國，更希望能說服歐洲。清楚地說，中國暗自懷著支配世界的戰略。

里村：是。

蔡英文守護靈：中國想要支配全世界，「習近平的繼任者」想站上頂端，若中國的國家勢力擴展到全世界，那就麻煩了，得好好防範才行。

日本出現了偉大之人是件好事，也請在台灣大大地傳道，增加信徒。

中國現在沒事幹，想要讓孔子的思想復活，又蓋了個毛澤東像，想用來代替大佛，但也無濟於事，最後還是不脫離「習近平信仰」的路子。（二〇一五年十二月，巨大的金色毛澤東像樹立於中國河南省的農村裡，翌年的二〇一六年一月又傳出被唐突拆解的報導）

里村：是。

蔡英文守護靈：

最早看穿習近平真面目的，即是幸福科學。

基本上他就是個「大規模殺戮機器」啊！是否將其視為「神」先另當別論，要說軍神，的確是有那麼一面。

但他的確想要打造中國得以支配世界的時代，那般想法是否將成為「世界精神」，目前已產生了攻防戰。

不過藉由現身於日本的偉大救世之人，我想會起到抑止的作用。我認為「思想」可以拯救民眾。核彈的互相攻擊，最終無法解決問題。

里村：嗯～。

蔡英文守護靈：

必須先解除北韓的武裝，日本的武裝都被解除了，北韓更是不用提。若不解除其武裝，核子武器將遍佈整個亞洲，無法控制。

里村：真是這樣……。

蔡英文守護靈：所以首先要解除北韓的武裝。

此外對於印度，需將印度整體的價值觀拉往同一個方向，印度終將會成為大國。

這方面務必善加拉攏，將來日本和中國勢必將同時試圖貼近斯里蘭卡。中國現已成功拉攏了巴基斯坦，未來印巴兩國恐將發生衝突。

里村：是。

蔡英文守護靈：

雖然可能導致兩敗俱傷的結果，日本依然有望與印度和巴基斯坦建立良好關係。若是兩國皆受創時，將其引導走向親日路線，那是再好不過。

里村：巴基斯坦也有幸福科學的信徒。

蔡英文守護靈：

嗯，必須善加保護巴基斯坦到尼泊爾一帶，否則遲早會被中國給拿下。

里村：所以您認為「如此輿論必須由幸福科學主導」？

蔡英文守護靈：

嗯，沒錯。「思想」的力量是很強大的，若是該國家有一萬人得知該「思想」，輿論就會發生變化。

除了賑災之外，你們也應在台灣好好地廣布思想。

大川裕太：謝謝您，我們會努力的。

為了亞洲、世界之「和平、安定、繁榮」的話語

里村：最後，雖然距離施政方針演說還有一段時間。

蔡英文守護靈：嗯。

里村：但往後應該很少有機會聽到守護靈您的話語，為了今後亞洲以及世界的和平、安定、繁榮，今後您會採取何種行動？最後可否告訴我們您的方針或希望？

蔡英文守護靈：

雖然有人推測美國的勢力會逐漸衰退，但我認為美國國力有如鐘擺，勢必擺回原位。美國會再度遂行身為世界警察的使命，再一次成為自由及民主主義的旗手。

僅僅預測美國會衰退是錯誤的。歐巴馬的潮流會出現逆轉，日本得注意不可有所動搖，好好維持「自由」、「民主主義」和「市場經濟」。

加上你們正在推廣嶄新的「靈界思想」，現今世界著實需要「嶄新的宗教」。

里村：是。

蔡英文守護靈：

藉由那般蘊藏繁榮思想的靈界思想，來對抗唯物論是很重要的。我們也想參與其中。或許那般思想亦能拯救歐洲的窘況。

在你們的想法當中，也將伊斯蘭教圈視為目標，的確若不興起改革，恐難拯救現在的伊斯蘭。

歐美和伊斯蘭之間的血腥戰爭不可繼續下去，除了歐美地區有必要改善宗教思想，伊斯蘭圈也需要有人幫助推動現代化，好讓他們能生活於更容易居住的世界。

在這層意義上，日本的政治家不該是凡庸之人，必須要往正確的方向發佈消息。

請好好地拯救台灣，必且更加致力幫助香港，現在的狀況真的不成。

除此之外，還得死守沖繩。不可放任沖繩趕走美軍，進而讓中國趁隙設置前線基地。

里村：是。

蔡英文守護靈：

縱然有一說「尖閣諸島是台灣的」，中國也說「尖閣諸島是中國的」，大家各說各話，然而實際支配那座島嶼的日本被人那般地亂說，也是很羞恥的。日本盡早在尖閣諸島上建立前線基地的話，不是挺好的嗎？

里村：

感謝您。祈禱蔡總統未來於國政的活躍。今後我們也會為了日本與世界，努力不懈。今天由衷地感謝您諸多指導。

蔡英文守護靈：

畢竟是第一位的女性總統，難免會遇上許多被看輕的狀況。我期待著你們的「掩護射擊」。

里村：我了解了，非常感謝您。

蔡英文守護靈：好。

Chapter10

第十節
蔡英文女士的守護靈訪談結束後的談話

10

Chapter 10

大川隆法：（拍手三次）很意外地，是個優秀之人。

里村：是。

大川隆法：

先前馬總統的守護靈（參照《從李登輝守護靈的靈言看東亞情勢》第三章「台灣總統馬英九守護靈的靈言」〔九韵文化出版〕）讓人感覺到軟弱的一面。

里村：是，的確如此。

大川隆法：看來我們必須要給予協助才行。她似乎認識很多我們幸福科學的信徒，或許能跟她取得更緊密的聯繫。

里村：是。

大川隆法：嗯～。說不定真輝專務將挑戰用中文在台灣進行傳道（笑）。

大川裕太：幸福實現黨和幸福科學的海外部門，會好好推動台灣傳道。

大川隆法：是啊！現在台灣也遭逢地震，多少有我們能夠幫忙的地方。將來不只要保護沖繩，我們還得同時主張保護台灣的重要。不僅止於「不讓沖繩受到侵略」，更需樹立「維護台灣獨立」的思想。

里村：是，今天非常能感受其必要性。

大川隆法：的確是這樣。

里村：是。

大川隆法：好，謝謝各位。（拍手一次）

全體：感謝您。

後記

如同能從訪談內容所看到的，蔡英文女士的頭腦清晰，思路明快，在戰略上也十分有見地。想必將有不少讀者因此成為蔡女士的支持者。蔡女士更替日本人憤怒，要日本不可容忍受北韓的挑釁。

日本的國土安全防衛能力，須提升到能一併防衛台灣。面對未來有可能發射核彈的北韓，除了經濟制裁之外，還必須將利用無人機夜間攻擊飛彈發射井的行動，也納入自衛權之定義範圍內。外交上，不僅限於美國，更需加強與台灣、菲律賓、越南、印度、澳洲、斯里蘭卡等國家的合作關係。

今年除了是思考「何謂正義」的一年外，同時希望有更多人能徹底察覺到今年亦是「國際政治」的一年。

二〇一六年二月八日
幸福科學集團創立者兼總裁
幸福實現黨總裁
大川隆法

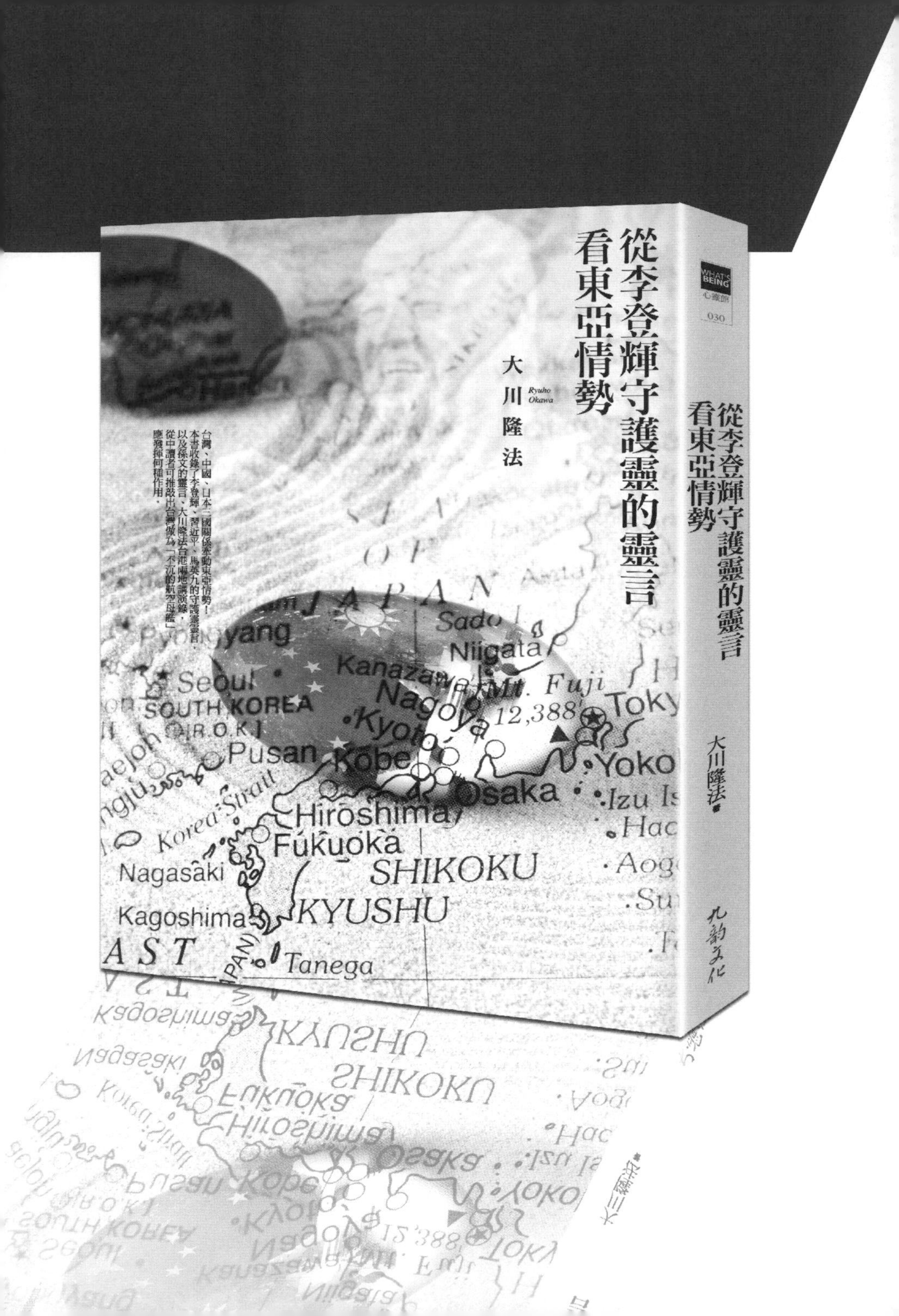
從李登輝守護靈的靈言
看東亞情勢
大川隆法
Ryuho Okawa
台灣、中國、日本三國關係牽動東亞情勢！
本書收錄了李登輝、習近平、馬英九的守護靈靈言，
以及孫文的靈言、大川隆法台港兩地講演錄，
從中讀者可推敲出台灣做為「不沉的航空母艦」
應發揮何種作用。
WHAT'S BEING
心靈館
030
從李登輝守護靈的靈言
看東亞情勢
大川隆法 著
九韵文化

獨家揭露！

台灣、日本、中國的三角關係牽動著東亞情勢。
本書特別收錄兩岸領導人的守護靈言，以及大川隆法在台港兩地演講錄。
藉近代東亞影響力人物，探討國際情勢與歷史事件，推敲出作為「亞太中樞」的台灣應發揮何種作用。

獨家揭露！

- ★ 來自台灣前總統李登輝守護靈給日本的訊息
- ★ 想要成為世界皇帝之人一習近平的本意
- ★ 台灣總統馬英九守護靈的靈言
- ★ 革命之父一孫文講述中國民主化的理想
- ★ 佛國土烏托邦之實現——大川隆法台灣巡錫演講錄
- ★ 事實與真實——大川隆法香港巡錫演講錄

What's Being
我可以做得更好：蔡英文的未來戰略

作　　者　大川隆法
譯　　者　幸福科學翻譯小組
封面設計　楊詠棠
總 編 輯　許汝紘
美術編輯　楊詠棠
編　　輯　黃淑芬
執行企劃　劉文賢
發　　行　許麗雪
總　　監　黃可家
出　　版　信實文化行銷有限公司
地　　址　台北市松山區南京東路5段64號8樓之1
電　　話　（02）2749-1282
傳　　真　（02）3393-0564
網　　址　www.cultuspeak.com
讀者信箱　service@cultuspeak.com
劃撥帳號　50040687 信實文化行銷有限公司

印　　刷　上海印刷廠股份有限公司

總 經 銷　聯合發行股份有限公司
地　　址　新北市新店區寶橋路235巷6弄6號2樓
電　　話　（02）2917-8022

香港總經銷　聯合出版有限公司
地　　址　香港北角英皇道75-83號聯合出版大廈26樓
電　　話　（852）2503-2111

Original Japanese language edition published as "Kinkyu Shugorei Interview - Taiwan Shin Sou Tou Sai Eibun No Mirai Senryaku"
by IRH Press Co., Ltd. in 2016.

若想進一步了解本書作者大川隆法其他著作、法話等，請與「幸福科學」聯絡。
地址：台北市松山區敦化北路155巷89號
電話：02-2719-9377　電郵：taiwan@happy-science.org
FB：https://www.facebook.com/happysciencetaipei/

2016 年 4 月 初版
定價：新台幣 300 元

アフロ／封面、圖片提供
蔡英文圖片攝影／ロイター
中江兆民圖片攝影／近現代PL

國家圖書館出版品預行編目（CIP）資料

我可以做得更好：蔡英文的未來戰略 / 大川隆法作
；幸福科學翻譯小組譯. -- 初版. -- 臺北市 : 九韵文
化，信實文化行銷, 2016.04
面；　公分. --（What's Being）
譯自：台灣新總統蔡英文の未來戰略：緊急·守護
靈インタビュー
ISBN 978-986-5767-983（平裝）

1. 臺日關係

573. 09　　　　　　　　　105005069